कविताएँ

दिल्ली

दिल्ली

नई दिल्ली पर विरचित चार
ओजस्विनी कविताएँ

रामधारी सिंह 'दिनकर'

उदयाचल प्रकाशन, पटना
की ओर से

लोकभारती प्रकाशन

उदयाचल प्रकाशन, पटना
की ओर से

लोकभारती प्रकाशन
पहली मंजिल, दरबारी बिल्डिंग, महात्मा गांधी मार्ग
प्रयागराज-211 001

वेबसाइट : www.lokbhartiprakashan.com
ईमेल : info@lokbhartiprakashan.com

शाखाएँ : 1-बी, नेताजी सुभाष मार्ग, दरियागंज
नई दिल्ली-110 002
अशोक राजपथ, साइंस कॉलेज के सामने
पटना-800 006
1, अनमोल सोराबजी सन्तुक लेन, धोबी तलाव,
मरीन लाइंस, मुम्बई-400 002

पहला संस्करण : 1954
पहला लोकभारती संस्करण : 2003
तीसरा संस्करण : 2024

मूल्य : ₹395

मुद्रक : बी.के. ऑफसेट
नवीन शाहदरा, दिल्ली-110 032

DILLI
Poems by Ramdhari Singh 'Dinkar'

ISBN : 978-81-19996-90-2

दिल्ली

क्रम

भूमिका

इस संग्रह में दिल्ली पर चार कविताएँ संगृहीत हैं। पहली कविता यद्यपि सन् 1933 ई. में रची गई थी, किन्तु उसकी पृष्ठभूमि सन् 1929 ई. की है। नई दिल्ली का प्रवेशोत्सव सन् 1929 ई. में मनाया गया था। उसी वर्ष भगतसिंह पकड़े गए और लाहौर-कांग्रेस में पूर्ण स्वाधीनता का प्रस्ताव पास हुआ। सन् 1930 में सत्याग्रह-आन्दोलन उठा और देश में दमन का चक्र जोरों से चलने लगा। उत्सव और दमन, इन्हीं विरोधों पर पहली कविता आधारित है।

तीसरी और चौथी कविताएँ स्वराज्य के बाद की हैं। दिल्ली का वर्तमान रूप भी विलासिनी का रूप है, जिससे कर्मठता को प्रेरणा नहीं मिलती, उलटे, बाधा पड़ती है। देश के नवनिर्माण का कार्य जो इतनी धीमी गति से चल रहा है, उसका भी मुख्य कारण यही है कि कार्याधिकारी देश की आकुलता से अपरिचित हैं। दिल्ली हमारी सारी शिराओं का केन्द्र है। लेकिन, विषमता की बात यह है कि देश की

बेचैनी केन्द्र को बेचैन नहीं कर पा रही है। यदि दिल्ली में उपलब्ध सुख और सुविधाओं की मात्रा समस्त देश की सुख-सुविधाओं की मात्रा के अनुपात से घटती-बढ़ती रहती है, तो निर्माण के कार्य इस मन्दता से नहीं चलते। किन्तु, स्थिति ठीक इसके विपरीत है। गाँवों में वज्र गिरे या बाढ़ आए, मगर दिल्ली के आराम का पारा चढ़ता-उतरता नहीं, वह ज्यों का त्यों स्थिर है। इस स्थिति से जो क्षोभ उठता है, वही इन कविताओं का मूल भाव है।

दिल्ली पर लिखी चारों कविताओं को एक साथ पढ़ने पर लोग मेरे दृष्टिकोण को कुछ अधिक न्याय के साथ ग्रहण कर सकेंगे, इसलिए, उनका अलग संग्रह निकाल देने की बात मुझे पसन्द आई। इति।

—दिनकर

पटना
अगस्त, 1954

नई दिल्ली के प्रति

[दिल्ली, 1929 ई.]

यह कैसी चाँदनी अमा के मलिन तमिस्त्र गगन में!
कूक रही क्यों नियति व्यंग्य से इस गोधूलि लगन में?
मरघट में तू साज रही दिल्ली कैसे श्रृंगार?
यह बहार का स्वांग अरी, इस उजड़े हुए चमन में!

इस उजाड़, निर्जन खँडहर में,
छिन्न-भिन्न उजड़े, इस घर में,
तुझे रूप सजने की सूझी
मेरे सत्यानाश-प्रहर में!

डाल-डाल पर छेड़ रही कोयल मर्सिया-तराना,
और तुझे सूझा इस दम ही उत्सव हाय, मनाना;
हम धोते हैं घाव इधर सतलज के शीतल जल से,
उधर तुझे भाता है इन पर नमक हाय, छिड़काना!

महल कहाँ? बस, हमें सहारा
केवल फूस-फास, तृणदल का;
अन्न नहीं, अवलम्ब प्राण का
गम, आँसू या गंगाजल का;

यह विहगों का झुण्ड लक्ष्य है
आजीवन वधिकों के फल का;
मरने पर भी हमें कफन है
माता शैव्या के अंचल का!

गुलचीं निष्ठुर फेंक रहा कलियों को तोड़ अनल में,
कुछ सागर के पार और कुछ रावी-सतलज-जल में;
हम मिटते जा रहे, न ज्यों, अपना कोई भगवान!
यह अलका-छवि कौन भला देखेगा इस हलचल में!

बिखरी लट, आँसू छलके हैं,
देख, बन्दिनी है बिलखाती,
अश्रु पोंछने हम जाते हैं;
दिल्ली! आह! कलम रुक जाती!
अरी, विवश हैं, कहो, करें क्या?
पैरों में जंजीर हाय! हाथों
में हैं कड़ियाँ कस जातीं।

और कहें क्या? धरा न धँसती,
हुंकारता न गगन संघाती;
हाय, बन्दिनी माँ के सम्मुख
सुत की निष्ठुर बलि चढ़ जाती।

तड़प-तड़प हम कहो, करें क्या?
'बहै न हाथ, दहै रिस छाती'
अन्तर ही अन्तर घुलते हैं,
'भा कुठार कुंठित रिपुघाती।'

अपनी गरदन रेत-रेत असि की तीखी धारों पर
राजहंस बलिदान चढ़ाते माँ के हुंकारों पर।
पगली! देख, जरा कैसी मर-मिटने की तैयारी?
जादू चलेगा न धुन के पक्के इन बनजारों पर।

तू वैभव-मद में इठलाती,
परकीया-सी सैन चलाती,
री ब्रिटेन की दासी! किसको
इन आँखों पर है ललचाती?

हमने देखा यहीं पाण्डु वीरों का कीर्ति-प्रसार,
वैभव का सुख-स्वप्न, कला का महा स्वप्न-अभिसार।
यहीं कभी अपनी रानी थी, तू ऐसे मत भूल,
अकबर-शाहजहाँ ने जिसका किया स्वयं श्रृंगार।

तू न ऐंठ मदमाती दिल्ली!
मत फिर यों इतराती दिल्ली!
अविदित नहीं हमें तेरी
कितनी कठोर है छाती दिल्ली!
हाय! छिनी भूखों की रोटी,
छिना नग्न का अर्द्ध वसन है;
मजदूरों के कौर छिने हैं,
जिन पर उनका लगा दसन है।

छिनी सजी-साजी वह दिल्ली
अरी! बहादुरशाह 'ज़फ़र' की;
और छिनी गद्दी लखनऊ की
वाजिद अली शाह 'अख़्तर' की।
छिना मुकुट प्यारे 'सिराज' का,
छिना अरी, आलोक नयन का;
नीड़ छिना, बुलबुल फिरती है
वन-वन लिये चंचु में तिनका।
आहें उठीं दीन कृषकों की,
मजदूरों की तड़प, पुकारें,
अरी! गरीबों के लोहू पर
खड़ी हुईं तेरी दीवारें।

अंकित है कृषकों के दृह में तेरी निठुर निशानी,
दुखियों की कुटिया रो-रो कहती तेरी मनमानी;
ओ, तेरा दृग-मद यह क्या है? क्या न खून बेकस का?
बोल, बोल, क्यों लजा रही, ओ कृषक-मेघ की रानी?

वैभव की दीवानी दिल्ली!
कृषक-मेघ की रानी दिल्ली!
अनाचार, अपमान, व्यंग्य की
चुभती हुई कहानी दिल्ली!
अपने ही पति की समाधि पर
कुलटे! तू छवि में इतराती;
परदेसी-संग गलबाँही दे
मन में है फूली न समाती!
दो दिन ही के 'बाल-डांस' में
नाच हुई बेपानी दिल्ली!
कैसी यह निर्लज्ज नग्नता!
यह कैसी नादानी दिल्ली!

अरी, हया कर, है ज़ईफ़ यह खड़ा क़ुतुब-मीनार,
इबरत की माँ जामा भी है यहीं अरी! हुशियार!
इन्हें देखकर भी तो दिल्ली! आँखें हाय! फिरा ले,
गौरव के गुरु रो न पड़ें, हा, घूँघट जरा गिरा ले!

अरी, हया कर, हया अभागी!
मत फिर लज्जा को ठुकराती;
चीख न पड़ें कब्र में अपनी,
फट न जाय अकबर की छाती;
हूक न उठे जहाँगीर-दिल में,
कूक न उठे कब्र मदमाती!
गौरव के गुरु रो न पड़ें, हाँ,
दिल्ली घूँघट क्यों न गिराती?
बाबर है, औरंग यहीं है,
मदिरा औ' कुलटा का द्रोही,
बक्सर पर मत भूल यहीं है
विजयी शेरशाह निर्मोही।

अरी! सँभल, यह कब्र न फटकर कहीं बना दे द्वार!
निकल न पड़े क्रोध में लेकर शेरशाह तलवार!
समझाएगा कौन उसे फिर? अरी! सँभल नादान!
इस घूँघट पर आज कहीं मच जाय न फिर संहार!

जरा गिरा ले घूँघट अपना,
और याद कर वह सुख-सपना,
नूरजहाँ की प्रेम-व्यथा में
दीवाने सलीम का तपना;

गुम्बद पर प्रेमिका कपोती
के पीछे कपोत का उड़ना,
जीवन की आनन्द-घड़ी में
जन्नत की परियों का जुड़ना।

जरा याद कर, यहीं नहाती
थी अपनी मुमताज़ अतर में।
तुझ-सी तो सुन्दरी खड़ी
रहती थी पैमाना ले कर में।

सुख, सौरभ, आनन्द बिछे थे
गली, कूच, वन, वीथि, नगर में;
कहती जिसे इन्द्रपुर तू वह
तो था प्राप्य यहाँ घर-घर में।

आज आँख तेरी बिजली से कौंध-कौंध जाती है!
हमें याद उस स्नेह-दीप की बार-बार आती है।

खिलें फूल, पर, मोह न सकती
हमें अपरिचित छटा निराली;
इन आँखों में घूम रही
अब भी मुरझे गुलाब की लाली।

उठा कसक दिल में लहराता है यमुना का पानी,
पलकें जोग रहीं बीते वैभव की एक निशानी!
दिल्ली! तेरे रूप-रंग पर कैसे हृदय फँसेगा?
बाट जोहती खँडहर में हम कंगालों की रानी।

[1933 ई.]

दिल्ली और मास्को

[दिल्ली, 1945 ई.]

1

जय विधायिके अमर क्रान्ति की! अरुण देश की रानी!
रक्त-कुसुम-धारिणि जगतारिणि! जय नव शिवे! भवानी!

अरुण विश्व की काली, जय हो,
लाल सितारों वाली, जय हो,
दलित, बुभुक्षु, विषण्ण मनुज की,
शिखा रुद्र, मतवाली, जय हो।

जगज्ज्योति, जय-जय भविष्य की राह दिखाने वाली,
जय समत्व की शिखे-मनुज की प्रथम विजय की लाली।
भरे प्राण में आग, भयानक विप्लव का मद ढाले,
देश-देश में घूम रहे तेरे सैनिक मतवाले।

नगर-नगर जल रहीं भट्ठियाँ,
घर-घर सुलग रही चिनगारी;
यह आयोजन जगद्दहन का,
यह जल उठने की तैयारी!
देश-देश में शिखा क्षोभ की
उमड़-घुमड़ कर बोल रही है;
लरज रहीं चोटियाँ शैल की,
धरती क्षण-क्षण डोल रही है।

ये फूटे अंगार, कढ़े अंबर में लाल सितारे,
फटी भूमि, वे बढ़े ज्योति के लाल-लाल फव्वारे।
बन्ध-विषमता के विरुद्ध सारा संसार उठा है,
अपना बल पहचान, लहर कर पारावार उठा है।
छिन्न-भिन्न हो रहीं मनुजता के बन्धन की कड़ियाँ,
देश-देश में बरस रहीं आजादी की फुलझड़ियाँ।

2

एक देश है जहाँ विषमता
से अच्छी हो रही गुलामी,
जहाँ मनुज पहले स्वतंत्रता
से हो रहा साम्य का कामी।

भ्रमित ज्ञान से जहाँ जाँच हो
रही दीप्त स्वातंत्र्य-समर की,
जहाँ मनुज है पूज रहा जग को,
बिसार सुधि अपने घर की।

जहाँ मृषा सम्बन्ध विश्व-मानवता
से नर जोड़ रहा है,
जन्मभूमि का भाग्य जगत् की
नीति-शिला पर फोड़ रहा है।

चिल्लाते हैं 'विश्व, विश्व' कह जहाँ चतुर नर ज्ञानी,
बुद्धि-भीरु सकते न डाल जलते स्वदेश पर पानी।
जहाँ मास्को के रणधीरों के गुण गाये जाते,
दिल्ली के रुधिराक्त वीर को देख लोग सकुचाते।

3

दिल्ली, आह! कलंक देश का,
दिल्ली, आह! ग्लानि की भाषा,
दिल्ली, आह! मरण पौरुष का,
दिल्ली छिन्न-भिन्न अभिलाषा।

विवश देश की छाती पर ठोकर की एक निशानी,
दिल्ली पराधीन भारत की जलती हुई कहानी।
मरे हुओं की ग्लानि, जीवितों को रण की ललकार,
दिल्ली वीर-विहीन देश की गिरी हुई तलवार।

बरबस लगी देश के होंठों
से यह भरी जहर की प्याली,
यह नागिनी स्वदेश-हृदय पर
गरल उड़ेल लोटने वाली।

प्रश्नचिह्न भारत का, भारत के बल की पहचान,
दिल्ली राजपुरी भारत की, भारत का अपमान।

4

ओ समता के वीर सिपाही,
कहो, सामने कौन अड़ी है?
बल से दिये पहाड़ देश की
छाती पर यह कौन खड़ी है?

यह है परतंत्रता देश की,
रुधिर देश का पीने वाली;
मानवता कहता तू जिसको
उसे चबाकर जीने वाली।

यह पहाड़ के नीचे पिसता
हुआ मनुज क्या प्रेय नहीं है?
इसका मुक्ति-प्रयास स्वयं ही
क्या उज्ज्वलतम श्रेय नहीं है?

यह जो कटे वीर-सूत माँ के,
यह जो बही रुधिर की धारा,
यह जो डोली भूमि देश की,
यह जो काँप गया नभ सारा;

यह जो उठी शौर्य की ज्वाला, यह जो खिला प्रकाश;
यह जो खड़ी हुई मानवता रचने को इतिहास;
कोटि-कोटि सिंहों की यह जो उट्ठी मिलित दहाड़;
यह जो छिपे सूर्य-शशि, यह जो हिलने लगे पहाड़।

सो क्या था विस्फोट अनर्गल?
बाल-कुतूहल? नर-प्रमाद था?
निष्पेषित मानवता का यह
क्या न भयंकर तूर्य-नाद था?

इस उद्वेलन-बीच साम्य का
था पूरित उल्लास नहीं क्या?
लाल भवानी पहुँच गई है
भरत-भूमि के पास नहीं क्या?

फूट पड़ी है क्या न प्राण में नये तेज की धारा?
गिरने को हो रही छोड़कर नींव नहीं क्या कारा?
नगपति के पद में जब तक है बँधी हुई जंजीर,
तोड़ सकेगा कौन विषमता का प्रस्तर-प्राचीर?

5

दहक रही मिट्टी स्वदेश की,
खौल रहा गंगा का पानी;
प्राचीरों में गरज रही है
जंजीरों से कसी जवानी।

यह प्रवाह निर्भीक तेज का,
यह अजस्त्र यौवन की धारा,
अनवरुद्ध यह शिखा यज्ञ की,
यह दुर्जय अभियान हमारा।

यह सिद्धाग्नि प्रबुद्ध देश की जड़ता हरने वाली,
जन-जन के मन में बन पौरुष-शिखा विहरने वाली।
अर्पित करो समिध, आओ, हे समता के अभियानी!
इसी कुंड से निकलेगी भारत की लाल भवानी।

6

हाँ, भारत की लाल भवानी,
जवा-कुसुम के हारों वाली,
शिवा, रक्त-रोहित-वसना,
कवरी में लाल सितारों वाली।
कर में लिये त्रिशूल-कमंडल,
दिव्य-शोभिनी, सुरसरि-स्नाता,
राजनीति की अचल स्वामिनी,
साम्य-धर्म-ध्वज-धर की माता।

भरत-भूमि की मिट्टी से शृंगार सजाने वाली,
चढ़ हिमाद्रि पर विश्व-शान्ति का शंख बजाने वाली।

7

दिल्ली का नभ दहक उठा, यह
श्वास उसी कल्याणी का है।
चमक रही जो लपट चतुर्दिक्,
अंचल लाल भवानी का है।
खौल रहे जो भाव वह्निमय,
ये हैं आशीर्वाद उसी के,
'जय भारत' के तुमुल रोर में
गुंजित संगर-नाद उसी के।

दिल्ली के नीचे मर्दित अभिमान नहीं केवल है,
दबा हुआ शत-लक्ष नरों का अन्न-वस्त्र, धन-बल है।
दबी हुई इसके नीचे भारत की लाल भवानी,
जो तोड़े यह दुर्ग, वही है समता का अभियानी।

[1945 ई.]

हक़ की पुकार

[दिल्ली, 1952 ई.]

मन की उमंग पर जंजीरें,
तन ऊपर एक लँगोटी है;
आँखें गड्ढे में धँसी हुईं,
हाथों में सूखी रोटी है।
पतझड़ के बरगद के समान
सूखी हड्डी पर तना हुआ;
यह कौन खड़ा है धरती की
किस्मत पर शंका बना हुआ?

ओ जशन-मौज वालो! मन में
कुछ डूब भेद गुनते जाओ,
आजादी का है पर्व अगर,
हक़ की पुकार सुनते जाओ।
यह वही आदमी है, जिसकी
पीड़ाओं को आगे करके,
स्वाधीन हुए थे तुम जिसकी
प्रतिमा जग के सम्मुख धरके।

यह वही आदमी है, जिसकी
तुम कसम रात-दिन खाते थे,
बाहर-भीतर हर जगह नाम
जिसका हरदम दुहराते थे।
यह वही आदमी है, जिसकी
आहों की फौज सजा करके
निकले थे रण के घमासान से
तुम दुन्दुभी बजा करके।

यह वह मनुष्य, जिसकी ज्वाला
की ढाल बना तुम लड़ते थे,
जिसकी तावीज़, पहनकर तुम
शेरों की तरह अकड़ते थे।
क्या हुआ कि इस भूखी प्रतिमा
को देख आज भय लगता है?
भर गई कौन-सी नस, जिससे
वह दर्द नहीं अब जगता है?

है तुम्हें खुशी, जंजीर गुलामी की
पाँवों से छूट गई?
मुझ को ग़म है, पहले वाली
तावीज़, तुम्हारी टूट गई।
क्या असर करे वह आग
नाभितल से जो नहीं निकलती है,
जिससे न जलाने वाले की
अपनी छाती ही जलती है?

ओ बुझी हुई ज्वालाओं की
राखों के ढेर! सुने जाओ।
सोने से चंगुल मढ़े हुए
गद्दी के शेर! सुने जाओ।
दिल्ली की सारी चमक-दमक,
यह लोच-लचक सब झूठी है।
रेशम पर पड़ती हुई रौशनी
की लक-दक सब झूठी है।

झूठा है यह सारा बनाव,
झूठे ये महल-अटारी हैं।
तुम यहाँ फूँकते हो बंसी,
गाँवों में नाले जारी हैं।
आने दो इन आवाजों को,
मत एक राह भी बन्द करो।
गाँवों को रौशन करना हो,
रौशनी यहाँ की मन्द करो।

दिल्ली भारत की अमर-लता,
ऊपर-ऊपर छाने वाली,
मिट्टी में जड़ को फेंक नहीं
रस का प्रसाद पाने वाली।
आने दो नीचे इसे, देश का
पुष्टि-पेय कुछ पाने दो।
दिल्ली को अगर बचाना है,
धूसर इसको बन जाने दो।

धोने दो गालों का पराग
इसको आँसू की धारों में;
भेजो इसको घूमने देश के
अगणित हाहाकारों में।
भोगने इसे दो वह पीड़ा,
जिससे जल रहा समग्र देश।
करने दो नकली रानी को
गाँवों की कुटियों में प्रवेश।

जो है इसकी स्वामिनी, दर्द
उसका जिस दिन यह जानेगी,
भूखी, विषण्ण, काली प्रतिमा, को
जिस दिन यह पहचानेगी,
उस दिन फिर इसकी साड़ी में
सोने के तार नहीं होंगे,
प्यालों में सुरा नहीं, मुख में
झूठे गुंजार नहीं होंगे।

तब चीर रँगेगी यह दिल्ली
धनखेतों की हरियाली से,
लेगी उधार लालिमा कपोलों की
आमों की लाली से।
तब रूमालों में मकई की
सोंधी सुगन्ध भीनी होगी,
तब आनन पर कुलवधुओं की
शरमीली रंगीनी होगी।

दो परी नहीं, मानवी हमें,
माता जो भारत-भर की हो,
जो नहीं खूबसूरत प्रतिमा
बेजान संगमरमर की हो।
धीरज से किसी तरह भी जो
बेटों का भाव सँजोए तो,
घर में रोटी हो नहीं अगर
तो लगा वक्ष से रोए तो।

[1952 ई.]

भारत का यह रेशमी नगर

[दिल्ली, 1954 ई.]

हो गया एक नेता मैं भी? तो बंधु, सुनो,
मैं भारत के रेशमी नगर में रहता हूँ,
जनता तो चट्टानों का बोझ सहा करती,
मैं चाँदनियों का बोझ किसी विध सहता हूँ।

दिल्ली फूलों में बसी, ओस-कण से भीगी,
दिल्ली सुहाग है, सुषमा है, रंगीनी है,
प्रेमिका-कंठ में पड़ी मालती की माला,
दिल्ली सपनों की सेज, मधुर रस-भीनी है

बस, जिधर उठाओ दृष्टि, उधर रेशम केवल
रेशम पर से क्षण-भर को आँख न हटती है,
सच कहा एक भाई ने, दिल्ली में तन से
रेशम से रुखड़ी चीज न कोई सटती है।

आखिर हो भी क्यों नहीं? कि दिल्ली के भीतर
जाने, युग से कितनी सिद्धियाँ समाई हैं!
औ' सबका पहुँचा काल तभी से जब उनकी
आँखें रेशम पर बहुत अधिक ललचाई हैं।

रेशम के कोमल तार, क्लान्तियों के धागे,
हैं बँधे उन्हीं से अंग यहाँ आजादी के,
दिल्ली वाले गा रहे बैठ निश्चिन्त, मगन
रेशमी महल में गीत खुरदरी खादी के।

वेतनभोगिनी, विलासमयी यह देवपुरी,
ऊँघती कल्पनाओं से जिसका नाता है,
जिसको इतनी चिन्ता का भी अवकाश नहीं
खाते हैं जो वह अन्न कौन उपजाता है।

उद्यानों का यह नगर, कहीं भी जा देखो,
इसमें कुम्हार का चाक न कोई चलता है,
मजदूर मिलें, पर, मिलता कहीं किसान नहीं,
फूलते फूल, पर, मक्का कहीं न फलता है।

क्या ताना है मोहक वितान मायापुर का!
बस, फूल-फूल, रेशम-रेशम फैलाया है;
लगता है, कोई स्वर्ग खमंडल से उड़कर
मदिरा में माता हुआ भूमि पर आया है।

ये, जो फूलों के चीरों में चमचमा रहीं,
मधुमुखी इंद्रजाया की सहचरियाँ होंगी,
ये, जो यौवन की धूम मचाए फिरती हैं,
भूतल पर भटकी हुई इंद्रपरियाँ होंगी।

उभरे गुलाब से घट कर कोई फूल नहीं,
नीचे कोई सौन्दर्य न कसी जवानी से,
दिल्ली की सुषमाओं का कौन बखान करे?
कम नहीं कड़ी कोई भी स्वप्न-कहानी से।

गंदगी, गरीबी, मैलेपन को दूर रखो,
शुद्धोदन के पहरे वाले चिल्लाते हैं;
है कपिलवस्तु पर फूलों का शृंगार पड़ा,
रथ-समारूढ़ सिद्धार्थ घूमने जाते हैं।

सिद्धार्थ देख रम्यता रोज ही फिर आते,
मन में कुत्सा का भाव नहीं, पर, जगता है;
समझाए उनको कौन, नहीं भारत वैसा
दिल्ली के दर्पण में जैसा वह लगता है?

भारत धूलों से भरा, आँसुओं से गीला,
भारत अब भी आकुल विपत्ति के घेरे में।
दिल्ली में तो है खूब ज्योति की चहल-पहल,
पर, भटक रहा है सारा देश अँधेरे में!

रेशमी कलम से भाग्य-लेख लिखने वालों,
तुम भी अभाव से कभी ग्रस्त हो रोए हो?
बीमार किसी बच्चे की दवा जुटाने में
तुम भी घर भर क्या पेट बाँधकर सोए हो?

असहाय किसानों की किस्मत को खेतों में
क्या अनायास जल में बह जाते देखा है?
'क्या खाएँगे?' यह सोच निराशा से पागल
बेचारों को नीरव रह जाते देखा है?

देखा है ग्रामों की अनेक रंभाओं को,
जिनकी आभा पर धूल अभी तक छाई है?
रेशमी देह पर जिन अभागिनों की अब तक,
रेशम क्या? साड़ी सही नहीं चढ़ पाई है।

पर, तुम नगरों के लाल, अमीरी के पुतले,
क्यों व्यथा भाग्यहीनों की मन में लाओगे?
जलता हो सारा देश, किन्तु, होकर अधीर
तुम दौड़-दौड़कर क्यों यह आग बुझाओगे?

चिन्ता हो भी क्यों तुम्हें? गाँव के जलने से
दिल्ली में तो रोटियाँ नहीं कम होती हैं।
धुलता न अश्रु-बूँदों से आँखों का काजल
गालों पर की धूलियाँ नहीं नम होती हैं।

जलते हैं तो ये गाँव देश के जला करें,
आराम नई दिल्ली अपना कब छोड़ेगी?
या रक्खेगी मरघट में भी रेशमी महल,
या आँधी की खाकर चपेट सब छोड़ेगी।

चल रहे ग्राम-कुंजों में पछिया के झकोर,
दिल्ली, लेकिन, ले रही लहर पुरवाई में।
है विकल देश सारा अभाव के तापों से;
दिल्ली सुख से सोई है नरम रजाई में।

क्या कुटिल व्यंग्य! दीनता वेदना से अधीर
आशा से जिनका नाम रात-दिन जपती है,
दिल्ली के वे देवता रोज कहते जाते,
'कुछ और धरो धीरज, किस्मत अब छपती है।'

किस्मतें रोज छप रहीं, मगर, जलधार कहाँ?
प्यासी हरियाली सूख रही है खेतों में;
निर्धन का धन पी रहे लोभ के प्रेत छिपे,
पानी विलीन होता जाता है रेतों में।

हिल रहा देश कुत्सा के जिन आघातों से,
वे नाद तुम्हें ही नहीं सुनाई पड़ते हैं?
निर्माणों के प्रहरियो! तुम्हें ही चोरों के
काले चेहरे क्या नहीं दिखाई पड़ते हैं?

तो होश करो, दिल्ली के देवो, होश करो,
सब दिन तो यह मोहिनी न चलने वाली है;
होती जाती हैं गर्म दिशाओं की साँसें,
मिट्टी फिर कोई आग उगलने वाली है!

हो रहीं खड़ी सेनाएँ फिर काली-काली
मेघों-से उभरे हुए नये गजराजों की,
फिर नये गरुड़ उड़ने को पाँखें तोल रहे,
फिर झपट झेलनी होगी नूतन बाजों की।

वृद्धता भले बँध रहे रेशमी धागों से,
साबित इनको, पर, नहीं जवानी छोड़ेंगी;
जिसके आगे झुक गये सिद्धियों के स्वामी,
उस जादू को कुछ नई आँधियाँ तोड़ेंगी।

ऐसा टूटेगा मोह, एक दिन के भीतर
इस राग-रंग की पूरी बर्बादी होगी,
जब तक न देश के घर-घर में रेशम होगा,
तब तक दिल्ली के भी तन पर खादी होगी।

[1954 ई.]